BEI GRIN MACHT SICH IHR WISSEN BEZAHLT

- Wir veröffentlichen Ihre Hausarbeit,
  Bachelor- und Masterarbeit

- Ihr eigenes eBook und Buch -
  weltweit in allen wichtigen Shops

- Verdienen Sie an jedem Verkauf

Jetzt bei www.GRIN.com hochladen und kostenlos publizieren

Alexa Junge

Rezension zu Stanley J. Tambiahs "Eine performative Theorie des Rituals"

GRIN Verlag

Bibliografische Information der Deutschen Nationalbibliothek:

Die Deutsche Bibliothek verzeichnet diese Publikation in der Deutschen National-
bibliografie; detaillierte bibliografische Daten sind im Internet über http://dnb.d-
nb.de/ abrufbar.

Impressum:

Copyright © 2003 GRIN Verlag, Open Publishing GmbH
Druck und Bindung: Books on Demand GmbH, Norderstedt Germany
ISBN: 978-3-640-75452-6

Dieses Buch bei GRIN:

http://www.grin.com/de/e-book/161609/rezension-zu-stanley-j-tambiahs-eine-per-
formative-theorie-des-rituals

GRIN - Your knowledge has value

Der GRIN Verlag publiziert seit 1998 wissenschaftliche Arbeiten von Studenten, Hochschullehrern und anderen Akademikern als eBook und gedrucktes Buch. Die Verlagswebsite www.grin.com ist die ideale Plattform zur Veröffentlichung von Hausarbeiten, Abschlussarbeiten, wissenschaftlichen Aufsätzen, Dissertationen und Fachbüchern.

Besuchen Sie uns im Internet:

http://www.grin.com/

http://www.facebook.com/grincom

http://www.twitter.com/grin_com

Eine performative Theorie des Rituals

Von Stanley Jeyaraja Tambiah

Eine Rezension von Alexa Junge

Inhalt

Eine performative Theorie des Rituals

Von Stanley Jeyaraja Tambiah

Einleitung: Kulturelle Performance

Der Performance-Aspekt des rituellen Handelns wird in den theoretischen Arbeiten der letzten Zeit auffallend betont. Der Begriff Performance scheint den Begriff Ritual oft sogar zu ersetzen. Geertz, Schechner und auch Tambiah sprechen von der „kulturellen Perfomance" als Darstellung und zugleich als Reproduktion kultureller Sinn- und Handlungsmuster. Die theoretische Begründung von Ritualen als performative Akte geht insbesondere auf Anregungen von Tambiah zurück. In Anlehnung an Austins (1962) Sprachtheorie beschreibt er Rituale als performativ in dem Sinne, daß etwas sagen auch etwas tun bedeutet. Damit ist ausgedrückt, daß Rituale auch über ihren semantischen Gehalt hinaus eine Bedeutung haben, die auf ihre Effektivität als Handlung zurückgeht. Diese Effektivität wird durch die Verwendung multipler Medien- von Liedern, Tänzen, Musik, Formeln und Gaben- sowie durch die den Ritualen eigentümliche formalisierte und redundante Form erzeugt.

In dem Artikel „Eine performative Theorie des Rituals" aus dem Band „Ritualtheorien" beschreibt Tambiah, wie kulturelle Inszenierungen (Performanzen), worunter er Rituale versteht, durch ihre spezifische Ausgestaltung eine soziale Kommunikation in gesteigerter Form erzeugen.

Tambiah beginnt mit der Schwierigkeit, rituelles von nicht-rituellem Handeln zu unterscheiden. Zu Beginn seiner Ausführungen erläutert er also, wie er rituelle Ereignisse erkennt: „Obwohl wir weder linguistische noch ostentative Kriterien haben, um einen spezifisch rituellen Bereich von anderen sozialen Bereichen abzugrenzen, kennt jede Gesellschaft Handlungen, Darstellungen und Festlichkeiten, die von anderen abgehoben und differenziert werden. Solche Handlungen können wir als typische oder fokussierende Beispiele „ritueller" Ereignisse identifizieren." (Tambiah 1998, 227). Hier weist Tambiah auf die Parallelen zum Spiel hin, denn auch das Spiel „bewirkt ein Heraustreten aus dem normalen Leben in eine zeitlich begrenzte Tätigkeitssphäre, die eine eigene Struktur aufweist" (1998, 228). Allerdings weist er auch auf den zentralen Unterschied zwischen Spiel und Ritual hin. Das Ritual ist im voraus nicht nur die Regeln festgelegt, sondern auch der Ablauf, wo hingegen das Spiel in seinem Ergebnis eher überraschend sein kann. Spiele sind ungewiss, aber Rituale haben ein ganz klares Ziel, z.B. die Vermittlung zwischen dem Okkulten und dem Menschlichen beim Wahrsagen. Diese Überlegungen führen Tambiah zu seiner Definition von Ritual.

Tambiahs Definition von Ritual

„Das Ritual ist ein kulturell konstruiertes System der Kommunikation. Es besteht aus strukturierten und geordneten Sequenzen von Worten und Handlungen, die oft multimedial ausgedrückt werden und deren Inhalt und Zusammenstellung charakterisiert sind durch Formalität (Konventionalität), Stereotypie (Rigidität), Verdichtung und Redundanz (Wiederholung)."

Rituelle Handlung ist auf drei Arten performativ. Erstens nach Austins Sprechakttheorie: „Etwas Sagen bedeutet etwas tun". Zweitens macht die Dramatik einer Performance das Ereignis zu einer intensiven Erfahrung. Zu diesem Zweck werden auch verschiedene Medien verwendet. Der dritte Aspekt ist der indexikale Wert, das, was die Akteure der Performance zuschreiben und was sie aus ihr ableiten. Nach Tambiah sind Rituale auf doppelte Weise indexikalisch. Die in ihnen verwendeten Symbole und Ikonen verweisen erstens auf einen bestimmten kosmologischen Bedeutungsgehalt und etablieren damit zweitens eine Beziehung zwischen den kosmologischen Annahmen und den die Symbole verwendenden Akteuren. Durch den Verwies auf den Zusammenhang zwischen Kosmos und Welt werden bestehende soziale Beziehungen re-etabliert, sanktioniert oder umgeformt.

Zu dieser Definition haben die Überlegungen geführt, die ich im folgenden erläutern will: Zunächst handelt es sich nach Tambiah um ein analytisches Problem: die Integration von kultureller Beschreibung und formaler Analyse. Nach Tambiah sind „kulturelle Überlegungen in der Form enthalten, die das Ritual annimmt" und „eine Verbindung von Form und Inhalt (ist) dem performativen Charakter und der Wirksamkeit rituellen Handelns eigen." (Tambiah 1998, 230).

Folgende Formel stellt Tambiah auf: Performativer Charakter entsteht seiner Meinung nach durch die Kombination von Form und Inhalt des Rituals.

Das Ritual besteht aus kulturellem Inhalt (dieser kulturelle Inhalt beinhaltet die kosmologischen und ideologischen Konstruktionen einer Kultur), aus formalen und strukturellen Eigenschaften und dem semiotisch-kommunikativen Element.

Alle Gesellschaften haben bestimmte Kosmologien, die in ihren verschiedenen Klassifikationsformen Beziehungen zwischen Menschen, Menschen und Natur, Menschen und Göttern bzw. Dämonen schaffen. Es gibt verschiedene Klassifikationsformen wie Mythen, Rituale, Gesetze, Verfassungen und andere kollektive Repräsentationen, in denen kosmologische Ideen enthalten sind.

Ritual als Medium

Ritual versteht Tambiah als eigenständiges Medium für die Übertragung von Botschaften, die Konstruktion sozialer Wirklichkeit und die Schaffung und Entwicklung kosmologischer Ideen: Ritual als handlungsmässiges Ereignis hat performative und kreative Eigenschaften.

Der Kontext der Überzeugungen kann aber nicht adäquat die Form des rituellen Ereignisses per se erklären.

Der Schlüssel zum Verständnis liegt in der Gegenseitigkeit, nämlich, dass kosmologische Konstrukte in Ritualen eingebettet sind und das andererseits Rituale kosmologische Ideen darstellen. In dieser Gegenseitigkeit wird offenbar, wie kulturelle Beschreibung und formale Analyse integriert wird.

In der Untersuchung performativer Darstellung (Rituale) hat die traditionelle Unterscheidung zwischen Religiösem und Säkularem wenig Relevanz und die Idee des Heiligen erweitert sich auf das, was „blind" akzeptiert und traditionalisiert wird, wie z.B. die kosmologischen Ideen, orientierende Begriffe und Prinzipien, so Tambiah.

Zur Funktion des rituellen Handelns schreibt er, dass rituelles Handeln zwischen kulturell differenzierten Instanzen, Ebenen, Bereichen und Ereignissen, aus denen die Kosmologie besteht, vermitteln soll, wie z.B. Tradition, Hierarchie, Beziehung zum Jenseits, Praktiken und Phänomene.

Zur Verbindung zwischen diesen kulturellen Konstrukten und dem Ritual als Modus sozialen Handelns führen die verschiedenen Aspekte der Kommunikation.

Rappaport erwähnt eine Gruppe ritualspezifischer Eigenschaften wie die Formalität, womit er Stilisierung und Wiederholung meint und die Unveränderlichkeit der liturgischen Form. Unveränderlichkeit erzeugt unbezweifelbare Wahrheit, also Sakralität.

Formale Aspekte werden auch von Moore und Myerhoff hervorgehoben (1977), die Tambiah zitiert. Eigenschaften wie Wiederholung, Stilisierung, Ordnen, beschwörende Form der Darstellung.

Diese Aspekte ermöglichen es dem Ritual, Rhythmen und Prozesse des Kosmos zu imitieren und gewissen Dingen, die eigentlich soziale Konstrukte sind, Dauerhaftigkeit und Legitimität zu verleihen.

Ritual als konventionalisiertes Handeln

Formalität, Stereotypie und Rigidität des Rituals sind nach Tambiah eng mit der Tatsache verbunden, dass Rituale konventionalisiertes Handelns darstellen.

Tambiah beschreibt, dass das konventionalisierte Handeln die Teilnehmer von der rituellen Darstellung distanziert, er nennt es den Distanzierungseffekt.

Was meint er damit? Tambiah unterscheidet rituelles von „normalen" kommunikativen Verhalten. „Normale" Kommunikation bedeutet, dass die Einstellungen der Gefühle direkt ausgedrückt und anderen Personen mitgeteilt werden. Ritualisiertes kommunikatives Verhalten, was er auch als konventionalisiertes Verhalten bezeichnet, ist der Ausdruck und die Kommunikation bestimmter Einstellungen, es erfordert eine fortlaufende öffentliche Kommunikation und wird auch von der Öffentlichkeit so verstanden. Nach Tambiah ist auch einfaches Grüßen recodiertes Verhalten. Hier taucht die Idee auf, wie wir sie auch bei Schechner finden, dass das „Ich" vom Darsteller getrennt ist, dadurch rücken persönliche Gefühle in den Hintergrund.

Das führt zu seiner Behauptung, dass stereotype Konventionen dahingehend indirekt in ihrer Wirkung sind, dass sie nicht Intentionen codieren, sondern die „Simulation" von Intentionen.

So läßt sich das Ritual als eine Garantie für soziale Kommunikation verstehen, in dem die privaten Gefühle der Akteure durch Distanzierung getrennt werden von ihrer Verpflichtung einer öffentlichen Moral gegenüber. Im positiven Sinn trägt es zur Bildung von Symbolen bei. Im negativen Sinne trägt es zur Heuchelei und Untergrabung der Wahrhaftigkeit bei.

Daraus folgt nun, daß Rituale nicht als Mittel zu verstehen sind, Gefühle auszuleben, das wäre zu einfach.

Z.B. schreibt Radcliff-Brown in seinem Werk „The Andaman Islanders" über die Friedenszeremonie: „Das Ritual sieht er als Mittel, aggressive Gefühle durch Freundschaft und Solidarität zu ersetzen. Dieses Ziel wurde aber nicht unmittelbar erreicht. Vielmehr zwingt das Ritual die Teilnehmer „so zu handeln", als ob sie gewisse Gefühle empfinden und dadurch erzeugt das Ritual bis zu einem gewissen Grad diese Gefühle in den Teilnehmern." Um das eingehender zu erklären, gibt Tambiah Susanne Langer wider. Sie sagt, Rituale sind an Anlässe gebunden und sind somit eine „dargestellte Idee". Als symbolische Tätigkeit beinhaltet ein Ritual Begriffe an Stelle einer unmittelbaren Entlastung von Gefühlen. Diese Entlastung kann vielleicht stattfinden, vielleicht aber auch nicht.

Ritual wird als expressives Handlung verstanden, die im logischen Sinne expressiv ist, d.h., sie stellt kein mitgeteiltes Gefühl dar, sondern ein Symbol desselben. Langer schreibt, dass die wesentlichen Eigenschaften des Rituals nicht in der Beschwörung von Gefühlen und auch nicht in einer Katharsis im Sinne Aristoteles bestehen, auch wenn es beides sein kann, sondern in der Artikulation von Gefühlen. Die Artikulation ist kein einfacher Affekt, sondern eine komplexe, dauerhafte Einstellung und emotionales Gefüge.

In anderen Worten: Das Ritual ist nicht ein freier Ausdruck von Gefühlen, sondern eine disziplinierte Wiederholung der richtigen Einstellung. Diese Idee finden wir auch bei Geertz in seiner Definition von Religion in „Religion als kulturelles System".

Die Idee der performativen Handlung

Das Ritual beschreibt Tambiahs als in dreierlei Hinsicht performativ:

Nach Austin, der aus der Sprachphilosophie kommt, ist eine Aussage performativ, wenn das Aussprechen einer „illokutionären" Sprechhandlung[1] das „Tun einer Handlung" ist, die einer Konvention entspricht und unter geeigneten Bedingungen vollzogen wird, wie z.B. Taufe oder Eheschließungen. Sie wird nach normativen Kriterien beurteilt, also ob sie gelingt oder legitim ist, nicht, ob sie falsch oder richtig ist. In solchen Sprechhandlungern wird nichts behauptet, sondern es werden bestimmte soziale Beziehungen durch sie hergestellt. Austin nennt solche Sprechakte „illokutionäre" Sprechhandlungen oder auch performative Rede.

Rappaport greift die Sprechakttheorie auf und vergleicht performative Rede mit rituellem Handeln. In seinem Essay „Ritual und performative Sprache" führt er die Merkmale an, die

---

[1] Illokutionärer Akt: der Sprechakt im Hinblick auf seine kommunikative Funtion, z.B. Aufforderung, Frage (asu der Sprachwissenschaft) aus: Der Duden, 1990

performative Sprechhandlungen und Rituale gemeinsam haben. Das wichtigste, das er hervorhebt, ist die Formalität. Damit ist gemeint, dass Handlungen repetitiv, stereotyp sind und bestimmten Konventionen entsprechen. Diese Idee haben Tambiah und Rappaport miteinander gemein. Die Idee aus der Sprachwissenschaft, dass performative Aussagen durch ihre Ausführung etwas bewirken, greifen beide auf und wenden sie auf Rituale als kommunikative Handlungen an.

Tambiah geht noch einmal auf die analytische Unterscheidung von regulativen und konstitutiven Handlungen ein. Konstitutive Handlungen sind Tätigkeiten, deren Existenz logisch von den Regeln abhängt, wie z.b. das Schachspiel oder Beschneidungsrituale. Die konstitutiven rituellen Handlungen haben zwei Arten von perlokutionären Folgen, gemeint ist die Konsequenz, also das, was aus der Sprechhandlung folgt. Die perlokutionäre Wirkung hängt von der illokutionären Kraft der Handlung ab, die Tambiah als ihre performative Wirkung bezeichnet.

Es gibt aber auch andere konstitutiven Handlungen wie z.b. Heilungsrituale bei Besessenheit. Ihre performative Dimension kann einwandfrei sein(die illokutionäre Handlung), aber der perlokutionäre Effekt wurde verfehlt, die Konsequenz, also die Heilung tritt nicht ein.

Mit seiner Argumentation will Tambiah die Aufgabe des Ethnologen in das Blickfeld rücken. Rituale sollten nicht nach den Wahrheitskriterien der westlichen wissenschaftlichen Rationalität betrachtet werden, z.B. die Überlegung, warum eine Gruppe trotz verfehlender Wirkung ihre Rituale ausführt. Magische Handlungen sollten nicht einfach als Handlungen betrachtet werden, die eine praktische Wirkung erzielen sollen. Der Ethnologe sollte sich der Idee öffnen, dass magische Rituale konventionelle Handlungen sind, die im performativen Rahmen sozialen Handelns untersucht werden sollten. Dadurch eröffnet sich ein neues Verstehen der Logik solcher Handlungen und der Regeln ihrer Gültigkeit aus der Sicht der Akteure.

Rituelle Kommunikation

Bisher hat Tambiah versucht, Faktoren der Formalität, der Konventionalisierung und den Distanzierungseffekt zu erklären. Die Formalität wird oft von Eigenschaften wie Verdichtung oder Redundanz begleitet. Redundanz ist ein Begriff, der aus der Informationstheorie kommt und wiederholte und rekursive Sequenzen bezeichnet. Die Informationstheorie bezieht sich eigentlich auf die Nachrichtentechnik. Dabei geht es darum, wie ein Übertragungskanal am besten ausgenutzt werden kann. Redundanz bedeutet die Verwendung von überflüssigen Symbolen zur Vergewisserung des richtigen Empfangs der Botschaft. Wiederholungen werden ausgeführt, um den voraussehbaren Verlust von Informationen entgegenzuwirken.

Begriffe wie Redundanz wurden auf die Ritual-Analyse angewandt, weil Rituale meistens aus Wiederholungen bestehen, wogegen Tambiah aber Bedenken einlegt: das Ritual ist stark formalisiert und der Aspekt der Übertragung von neuer Information ist zweitrangig oder irrelevant.

Soziale Kommunikation hat nach Tambiah wenig mit der Übertragung von neuer Information zu tun als vielmehr mit dem Aufbau interpersonaler Beziehungen und sozialer Integration und Kontinuitat. Außerdem will Tambiah Bedeutung nicht im Sinne der Informationstheorie als Information verstehen, sondern Bedeutung als Mustererkennung und konfigurationelles Bewußtsein. Z.B. besteht ein Hauptmerkmal der Kunst und des Kunsthandwerkes in der Schaffung erkennbarer Muster und Redundanz, also Wiederholungen.

In Bezug auf Ritual bedeutet das, dass Wiederholungsmuster in komplexen Ritualen oder Ritualzyklen eine komplexe Funktion erfüllen, was sich in bestimmten Sprachformen für Rituale erkennen läßt, wie z.b. der kanonische Parallelismus, über den Jakobson schreibt. Das ist ein poetischer Kunstbegriff, der „wiederholende Wiederkehr" auf semantischer und syntaktischer Ebene des Ausdrucks bezeichnet, und dessen große Verbreitung Fox (1977) durch Zeit und Raum in schriftlichen und mündlichen Kulturen zugleich feststellt. Oder z.B. die „Formel", eine wiederholte Gruppe von Worten, die eine wichtige Rolle in der Erzeugung und Produktion einer Rezitation als Performance spielen.

Die Frage, weshalb eine solche Sprachform als für Rituale geeignet erscheinen soll, kann aus verschiedenen Perspektiven beantwortet werden:

Weshalb die Sprache des Rituals das Instrumentarium der Redundanz benutzt, wovon der Parallelismus nur ein Beispiel ist, erklärt Tambiah anhand eines ethnographischen Beispiels.

Die Chamulas aus dem Chiapas-Hochland in Mexiko betrachten eine besondere linguistische Konstruktion als wirksames Mittel für die Kommunikation mit den Göttern. Die formale Sprache des Rituals bezeichnen sie als erhitzte Sprache im Gegensatz zur normalen kühlen Sprache. Diese Ritualsprache wird durch Modulation der Stimme von höheren und niedrigeren Stimmlagen ausgesprochen und in bestimmten Wort- und Klangpaaren konstruiert. Es handelt sich um eine rekursive Rezitation, die als Analogie zur kosmischen Schöpfung in ihrer zeitlichen und räumlichen Regelmäßigkeit gesehen wird.

Ein weiteres Beispiel sind die Zauberformeln der Trobriander. Die überzeugende Kraft liegt in der verbalen Konstruktion der Zauberformeln selbst, der Art ihrer Rezitation und den begleitenden Manipulationen. Die Struktur führt zur performativen Wirksamkeit.

Eine weitere Ordnung der Redundanz sind Sequenzierungsregeln, die neue Sequenzen einleiten oder die Handlungen syntaktisch innerhalb des gleichen Rituals kombinieren. Tambiah spricht an dieser Stelle auffallend in den Worten der Linguisten.

Tambiah sagt, dass eine dynamische performative Sicht des Rituals sollte uns davor bewahren, Rituale bzw. heilige Worte als unveränderlich zu verstehen. Die Möglichkeiten der Variabilität und Kreativität in der Produktion von Ritualen sind gegeben und lassen sich laut Tambiah auf ihre Basis stereotyper und konventionalisierter Formeln zurückführen und/oder bis zu einem gewissen Grad im Sinne von Kontextforderung und indexikalen Faktoren erklären. Z.B. haben lange Rezitationen oder Rituale normalerweise einige Sequenzen, die im Blick auf ihre Struktur offener sind für neue Inhalte. Die Performance des gleichen Spezialiten wird bei verschiedenen Ausführungen des gleichen Rituals unterschiedlich sein, oder das gleiche Ritual wird von zwei Priestern unterschiedlich ausgeführt.

Rituelle Handlungen sind performative Handlungen im Sinne von Sprechakten, die etwas mit Worten „tun".

Es findet rituelle Kommunikation statt. Rituelle Kommunikation reflektiert und verwirklicht auf der einen Seite kosmologische und liturgische Ideen und Prinzipien, auf der anderen Seite findet sie zwischen Menschen in „statusgeprägten Situationen" statt. Das heißt, zwischen Autorität und Unterordnung, wie z.B zwischen Priester und Gemeinde.

Gesteigerte Kommunikation

Die Verbindungen der einzelnen Handlungen innerhalb eines Rituals und die Logik der Regeln können nicht vollständig verstanden werden ohne das Wissen, daß sie die „Einkleidung" sozialer Handlungen darstellen, so drückt es Tambiah aus. Und soziale Handlungen könne ihrerseits nicht ohne die kosmologischen Voraussetzungen verstanden werden.

Was will Tambiah sagen? Form und Inhalt sind miteinander verbunden. Das Problem der Theoretiker besteht darin, ein begriffliches System zu entwickeln, welches die Botschaft zugleich als intern strukturiert und zugleich als Teil eines noch größeren, strukturierten

Universums versteht. Mit strukturierten Universum meint Tambiah die Kultur oder einen kulturellen Bereich.

Sequenzierungsregeln z.b. sind Ideen, die horizontale Relationen beschreiben, also lineare Verbindungen zwischen Handlungen und Aussagen, wie sie sich von Anfang bis Ende entfalten. An dieser Stelle kritisiert Tambiah die klassische ethnologische Untersuchung von Ritualen nach van Gennep, er bezeichnet es als eine „a priori Verpflichtung zum zwangsjackenähnlichen Dreierschema als Ausgangspunkt" (1998,247), die bestimmte Aspekte des Rituals verschleiern kann. Welche Aspekte meint er genau? Z.B. können Rituale in zwei Hälften strukturiert sein, wobei die zweite Hälfte eine wirkmächtigere Wiederholung der ersten darstellt. Es verschleiert aber auch die Perspektive, wie Einheiten auf niedrigeren Ebenen zu Einheiten und Prozessen auf höheren Ebenen werden.

Mit anderen Worten: Nicht nur die horizontale Entfaltung der Rituale spielt eine Rolle, sondern wie die horizontalen Relationen dynamisch aufeinander wirken, um die vertikale Dimension zu konstituieren, durch die eine Integration auf höherer Ebene erreicht wird.

Ein weiterer Aspekt, warum Tambiah Ritual als Performance versteht, ist, Ritual als dramatische Darstellung zu verstehen, dessen Struktur zusammen mit Stereotypie und Redundanz zur Produktion eines Gefühls gesteigerter Kommunikation führt. Die gesteigerte Kommunikation kann als Entrückung in einen transzendentalen, „antistrukturellen" Bewußtseinszustand beschrieben werden, als eine euphorische Gemeinschaft mit anderen Menschen oder als Unterordnung unter eine kollektive Idee.

Aufgabe des Ethnologen sollte sein, so Tambiah, dieses Zusammenspiel der horizontalen und vertikalen Dimensionen im Ritual zum Gegenstand der Ritual-Analyse zu machen, und zu untersuchen, wie Medien zur Steigerung der Kommunikation eingesetzt werden. Mit Medien meint Tambiah Tanz, Musik, Gebet, verbale Formeln, Gesang oder materielle Geschenke, die alle bei einer gesteigerten Kommunikation eingesetzt werden.

Medien, wie z.B. Mantras, können vor allem durch Wiederholungen helfen, in andere Bewußtseinszustände einzutreten. Wie erklärt Tambiah das nun auf Hintergrund seiner Ausführungen? Er stellt die Frage, warum Mantras wirksam sind. Er behauptet, die wiederholten verbalen Formeln, die als Transportmittel zu einem Trancezustand funktionieren, sind wirksam nicht weil sie direkt auf die Sinne des Akteurs abzielen und einen großen psychischen Tribut fordern, sondern weil sie durch eine eher indirekte und konventionelle, illokutionäre Anwendung als Auslösermechanismus wirken.

Tambiahs Ausführungen sind denen von Rappaport ähnlich, er kritisiert aber bei Rappaport ganz deutlich, dass dieser meint, Rituale anhand ihrer Oberfläche, womit er die Eigenschaften der Stereotypie und die Unveränderlichkeit der Liturgie meint, verstehen zu können, und zwar unabhängig von den Beziehungen hinter den Symbolen, was bei Tambiah die höhere Ebene bzw. die gesteigerte Kommunikation darstellt.

Kritik und Ausblick

In der Theorie von Tambiah fehlt der Moment der Transformation.

Diese Kritik an Tambiah finden wir auch bei Köpping und Rao in ihrem Werk „Im Rausch des Rituals" welches in der Reihe „Performanzen: Interkulturelle Studien zu Ritual, Spiel uns Theater" von Klaus-Peter Köpping und Ursula Rao herausgegeben wurde. „Auch wenn unser Ritualverständnis von diesen grundlegenden Arbeiten von Turner, Geertz und Tambiah stark beeinflußt ist, läßt sich dennoch nicht verkennen, daß aus heutiger Perspektive die Geschlossenheit dieses Modells kritisiert werden muß. Rituale erscheinen in den zitierten Ansätzen nicht als konfliktbeladene soziale Interaktionen, sondern als Momente, in denen gesellschaftliche Konflikte transzendiert und überwunden werden oder zumindest kanalisiert werden. Z.B. geht Tambiah von der Einheit der rituellen Botschaft aus.

Der Titel der Reihe verrät schon, auf was der Begriff des Performativen angewandt wird, nämlich auf die Formen reflexiven Denken und Handels wie Ritual, aber auch Spiel und Theater, die sich durch Darstellen und Ausüben kultureller und sozialer Ordnungen in einem spezifischen Rahmen auszeichnen. Sie können kulturelle Ordnungen konstituieren, können aber auch kulturelle Subversion beinhalten, oder sie können eine Transformation der Wirklichkeit hervorrufen. Eine Transformation kann die Ordnung auch destabilisieren oder sogar transzendieren. Ritual wird hier definiert „als eine Performanz im Sinne einer Aufführung, die durch ihre besondere Rahmung der Alltagswelt entzogen ist" (Köpping/Rao).

„Das Ritual erscheint als eine (in Teilen kreative) Performanz, die soziale Positionen von Menschen in gesellschaftlichen Strukturen und diese Strukturen selber zu verändern vermag." (Köpping/Rao). Mit dieser Aussage deuten Köpping und Rao das verändernde Potential an, welches ihrer Darlegung nach Ritualen und somit Performanzen innewohnt. Wie erklärt man sich aber die transformative Kraft von Ritualen? Besondere Aufmerksamkeit sollte der Wirkkraft zukommen, die Ritualen zuerkannt werden, und welche Formen der Transformation sie auslösen können. Transformation kann im Sinne einer Statusveränderung einzelner Individuen oder Veränderung gesamtgesellschaftlicher Tatsachen verstanden werden. Das wäre der Ritualbegriff, wie ihn Turner (1989) vertritt. Der rituelle Prozeß besteht nach Turner darin, daß im Ritual das Gemeinschaftsgefühl verstärkt wird, die sogenannte *communitas*, in dem sich dann die Grenzen zwischen den Individuen aufheben. Des weiteren spricht er von der Verwendung von Symbolen als verdichtete Bedeutungsträger. Auch Clifford Geertz (1997) spricht von einer Art sozialen „Heilung" im Rahmen einer „dramatischen Inszenierung". Gemeint ist von Beiden vor allem die Fähigkeit von rituellen Performanzen, sowohl Intellekt als auch Emotionen anzusprechen, aus der sich ihre Wirkkraft erklärt. Lane (1981) und Desjarlais (1996) bringen in die Diskussion um die Wirkweise von Ritualen die sensuelle, also die physische Ebene ein. Rituale werden nicht nur rhetorisch oder symbolisch vermittelt, also als eine verdichtete Kommunikation, sondern Aussagen werden auf sensueller Ebene übermittelt, die Person wird im Ritual z.B. physisch gereinigt und geschützt. Nach Kapferer (1979) wird im Heilungsritual eine Transformation angestrebt, die zwischen den „kulturell standardisierten Ausdruck von Gefühlen und dem realen, internen und privaten Gefühls- und Geisteszustand der Teilnehmer" vermittelt. (Kapferer 1979: 153) Der theoretische Hintergrund für diese Überlegungen geht nach Köpping und Rao auf Tambiah (1979) zurück. Ritual als transformierender performativer Akt bedeutet, daß die Effektivität von Ritualen vor allem auf ihre Handlung zurückzuführen ist, nicht nur auf ihren semantischen Ausdruck. Die Handlung wird unter Verwendung von Tanz, Musik und Liedern durchgeführt, was bedeutet, daß diese kulturellen Inszenierungen eine soziale Kommunikation in einer gesteigerten Form darstellen. Diese Kommunikation führt zu einer Bestätigung der Beziehungen zwischen Kosmos und Welt. Durch diese Beziehung zwischen Kosmos und Welt werden soziale Beziehungen bestätigt, konstituiert oder verändert. Gerade auf diesem theoretischen Hintergrund formulieren nun Köpping und Rao eine Kritik an der vermeintlichen Bedeutungseinheit der rituellen Botschaft, wie sie von Tambiah formuliert wird. Die neuere Diskussion will vor allem die dem Ritual innewohnende Transformation der Wirklichkeit und der Wirklichkeitswahrnehmung hervorheben. Diese Art von Transformation wird als die potentielle Kraft von Ritualen verstanden.

Literatur:

Tambiah, S.J.: „Eine performative Theorie des Rituals", aus A. Belliger und D.J. Krieger: „Ritualtheorien", Westdeutscher Verlag, Wiesbaden 1998

Geertz, C.: „Deep Play"-Ritual als kulturelle Performance", aus ders.

Schechner, R.: „Ritual und Theater: Rekonstruktion von Verhalten", aus ders.

Humphrey C. und J. Laidlaw: „Die rituelle Einstellung", aus ders.

Rappaport, R.A.: „Ritual und performative Sprache" aus ders.

Köpping, Klaus-Peter; Rao, Ursula (Hrsg.): „Im Rausch des Rituals: Gestaltung und Transformation der Wirklichkeit in körperlicher Performanz." LIT Verlag Hamburg 2000

Richmond, F.P., Swann, D.L., Zarrilli, P.B.: Indian Theatre. Traditions of Performance. University of Hawaii Press 1990

Geertz, Clifford: Religion als kulturelles System. In: Ders., Dichte Beschreibung. Frankfurt a.M. 1997 (engl. Orig. 1983)

Lane, Christel: The Rites of Rulers. Ritual in Industrial Society-The Soviet Case. Cambridge 1981

Desjarlais, Robert R.: Presence. In: Laderman, Carol; Roseman, Marina (Hrsg.): The Performance of Healing, Routledge Verlag New York 1996

Kapferer, B.: Emotion and Feeling in Sinhalese Healing Rites. In: Social Analysis 1. Chicago 1979

Marglin, Frédérique Apffel: Refining the Body. Transformative Emotion in Ritual Dance. In: M.O. Lynch (Hg.), Divine Passions. The social Constructions of Emotions in India. Berkeley 1990